走遍世界

很简单

ZOUBIAN SHIJIE HENJIANDAN

保加利亚大探秘

BAOJIALIYA DATANMI

知识达人 编著

成都地图出版社

图书在版编目（CIP）数据

保加利亚大探秘 / 知识达人编著 . — 成都 : 成都
地图出版社 , 2017.1（2021.10 重印）
（走遍世界很简单）
ISBN 978-7-5557-0272-6

Ⅰ . ①保… Ⅱ . ①知… Ⅲ . ①保加利亚—概况 Ⅳ .
① K954.4

中国版本图书馆 CIP 数据核字 (2016) 第 079847 号

走遍世界很简单——保加利亚大探秘

责任编辑：魏玲玲
封面设计：纸上魔方

出版发行：成都地图出版社
地　　址：成都市龙泉驿区建设路 2 号
邮政编码：610100
电　　话：028 – 84884826（营销部）
传　　真：028 – 84884820

印　　刷：唐山富达印务有限公司
（如发现印装质量问题，影响阅读，请与印刷厂商联系调换）

开　　本：710mm×1000mm　1/16
印　　张：8　　　　　　字　　数：160 千字
版　　次：2017 年 1 月第 1 版　　印　　次：2021 年 10 月第 4 次印刷
书　　号：ISBN 978-7-5557-0272-6
定　　价：38.00 元

前　言

　　美丽的大千世界带给我们无限精彩的同时，也让我们产生很多疑问：世界上到底有多少个国家？美国到底在什么地方？为什么奥地利有那么多知名的音乐家？为什么丹麦被称为"童话之乡"？……相信这些问题经常会萦绕在小读者的脑海中。

　　为了解答这些问题，我们精心编写了这套《走遍世界很简单》系列丛书，里面蕴含了世界各国丰富的自然、地理、历史以及人文等社会科学知识，充满了趣味性和可读性，力求让小读者掌握最全面、最准确的知识。

　　本系列丛书人物对话生动有趣，文字浅显易懂，并配有精美的插图，是一套能开拓孩子视野、帮助孩子增长知识的丛书。现在，就让我们打开这套丛书，开始奇特的环球旅行吧！

路易斯大叔

美国人，是位不折不扣的旅行家、探险家和地理学家，足迹遍布全世界。

多多

10岁的美国男孩，聪明、活泼好动、古灵精怪，对一切事物都充满好奇。

米娜

10岁的中国女孩，爸爸是美国人，妈妈是中国人，从小生活在中国，文静可爱，梦想多多。

目 录

目 录

　　阳光明媚的清晨，路易斯大叔还在睡梦中，多多就兴冲冲地拿着一封信从外面进来。

　　米娜正在阳台上给她心爱的花儿浇水。平时，这些花都由邻居玛丽阿姨精心呵护着。

　　多多正要和米娜把信研究一番的时候，路易斯大叔的房门打开了，多多一个箭步冲过去："路易斯大叔，你

的信！保加利亚来的信！"

路易斯大叔打开信，几片玫瑰花瓣掉了出来。米娜把花瓣捡起来，觉得好奇怪："路易斯大叔，怎么会有玫瑰花瓣呀？"

看完了信，路易斯大叔小心翼翼地把花瓣收起来。他冲了杯咖啡，坐在沙发上，慢悠悠地说："中国唐朝的大诗人白居易有一首诗《莲石》：'青石一两片，白莲三四枝。寄将东洛去，心与物相随。'其中就讲了这样一个典故：白居易给朋友寄去一封特别的信，信里放了小石片和白色的莲花瓣，是为了让朋友知道，他和朋友的友谊，像这莲花一样纯洁，像这石头一样坚定。保加利亚是一个玫瑰王国，这个季节，正是玫瑰花开得最美的时候。此时，那里满山遍野、大街小巷都是绚丽多姿的玫瑰花，空气中也弥漫着浓浓的香气。我的这个朋友采下玫瑰花瓣给我寄来，是为了让我也感受他们那里明媚的

春光吧！"

多多急切地问道："路易斯大叔，你去过保加利亚吗？"

"去过，不过已经是十多年前的事了，"路易斯大叔从书桌上拿起地球仪，转动着，"保加利亚在欧洲的东南部，国土只有11万平方千米，是个小国家。北边是美丽的多瑙河，东面有300多千米黑海的海岸线，风光旖旎；境内有雄伟的山峰、起伏的丘陵、奇特的山洞和广阔的平原，还有美丽清澈的湖泊、纵横交错的河流。"

路易斯大叔喝了口咖啡，接着说道："保加利亚不仅是玫瑰王国，还是葡萄酒王国，更是酸奶的起源地呢！"

米娜眼神里充满期盼："我们也能去保加利亚吗？"

路易斯大叔爽朗地笑起来："小家伙们，我早就准备好了！"说着，从书桌抽屉里拿出三张机票来。

"哇！太棒啦！太棒啦！"多多和米娜顿时欢呼起来。

第1章

古老的电车

经过十多个小时的飞行，飞机降落在保加利

2006

4

亚首都索非亚的机场。多多和米娜跟随路易斯大叔走出机场。

　　正是中午时分，天很晴朗，蓝天上白云朵朵，阳光带着青草的气息扑面而来，路易斯大叔深深地吸了口气："还是这个味道！感觉这里和十多年前一样啊！"

　　来到机场外面，人们都在排队等候电车。多多惊讶地发现，这里使用的还是古老的有轨电车呢！路易斯大叔看出了他的疑惑，解释道："索非亚是个有着两千多年历史的古城，你既可以体验到现代化的进展，也能感受到古老的历史文明。"

　　米娜好奇地问："这里的人们出行只能坐这种古老的电车吗？"

　　"不是的，"路易斯大叔摇摇头，"保加利亚地处欧洲和亚洲的交界处，交通很发达，索非亚、普罗夫迪夫、瓦尔纳和布尔加斯四个城市都有飞机场，其中瓦尔纳和布尔加斯还是重要海港。各个城镇都有密集的公交线路，还有出租车穿行其间，非常方便。"

　　"那我们为什么要坐电车呢？坐出租车不是更快、更方便

吗？"米娜喜欢打破砂锅问到底。

路易斯大叔耸了耸肩说道："别以为我是小气鬼，等下你亲身体验一下就明白了。"

正谈论间，他们随着有秩序的队伍上了电车，车厢明亮又整洁，车上人也不多，米娜和多多连忙找了个靠窗的位置坐了下来。

电车开动了，就像小火车一样，运行得非常平稳，速度并不快，坐起来真是舒服。透过车窗，可以看到路旁大片的草地和高大的树木，草地上盛开着各种颜色的花儿。

看着对面马路上奔驰的车辆，眼尖的多多又有了新的发现："路易斯大叔，我们这辆电车被刷成了明亮的黄色和蓝色，而那辆车的颜色却和我们不一样，这里面有什么学问吗？"

路易斯大叔赞赏地看着他："你有一双会发现的眼睛！这是因为索非亚的公交线路很多，根据车的类型和颜色，你就可以分辨出是哪一路，这样就不会搞错啦！"

电车渐渐地驶入市中心，多多和米娜有些应接不暇了，路易斯大

7

叔充当了临时的导游，不住地给他俩介绍着。

窗外吹来暖暖的微风，米娜贪婪地吸了一口气："哇！这里的空气好香啊！"

路易斯大叔笑着说："索非亚的街道上有许多花店、花摊，这里的人们都很喜欢种花和赠花，最受欢迎的是经久不谢的石竹花、郁金香和红玫瑰。从索非亚广场沿俄罗斯林荫大道到鹰桥，不到一千米，就有4座美丽的花园。索非亚是欧洲著名的花园城市，实在是名不虚传啊！"

半个小时后，电车在索非亚大酒店旁停了下来。

"醒醒！醒醒！我们到酒店了！" 路易斯大叔摇着米娜。米娜揉揉眼睛，她竟然不知什么时候睡着了。听着车与铁轨发出的有节奏的"轰隆轰隆"的声音，伴着车上轻柔的音乐，能欣赏一路风光，还可以打个盹，坐这趟电车真是一种享受啊！

第2章

烤南瓜

刚到酒店把行李放下，多多的肚子就"咕噜噜"地响了起来，路易斯大叔笑着说："小馋猫，我们

是该吃午饭啦！我带你们去尝尝正宗的保加利亚美食。"

一听说有美食，多多和米娜都两眼放光，顾不上一路的劳累，一溜烟跟着路易斯大叔出去了。

他们来到酒店的餐厅，正是午饭时间，餐厅里人不少。餐厅引导员把他们带到靠窗的一张桌子前，这里既可以品尝美食，又可以欣赏窗外的美景。

米娜看着餐厅里忙碌的服务员，兴奋地说："这么多人来这里吃饭，看来这家餐厅的菜很地道呀！"

"保加利亚人最重视午餐，早餐和晚餐倒是比较简单。"路易斯大叔一边点菜一边介绍。

"他们早餐吃什么？是不是像我一样喜欢喝豆浆吃油条啊？"米娜笑嘻嘻地说。

多多立马否认："才不会！早餐就该吃汉堡才对！"

"你们俩说的都不对，"路易斯大叔点完了菜，"保加利亚人早餐就喜欢喝汤，除了汤，他们还喜欢喝酸奶。"

不一会儿，点的第一道菜上来了，足足有一大碗，路易斯大叔介绍说："这是保加利亚

　　的传统大菜，名叫卡巴鲁马，原料很简单，有鸡肉、洋葱、西红柿，但比较特别的是里面加入了保加利亚的秘制香料，还融入了白葡萄酒的香味哦！"

　　多多咂咂嘴："哇！一大碗！保加利亚人可真豪气！"

米娜迫不及待地尝了一口，眉头立刻皱了起来："有点辣！不过味道还是很好的！"

　　"没错，保加利亚食物最大的特点就是口味重，油放得多，比较偏咸偏辣，"路易斯大叔也夹起一块鸡肉往嘴里放，"这里的人们比较喜欢吃肉，尤其是猪肉和鸡肉，这点比较符合我们口味。"

　　紧接着后面几道菜也上来了，烤肉串是多多最喜欢的，他吃得不亦乐乎，满嘴流油。米娜更喜欢西红柿黄瓜沙拉，新鲜又爽口，这是保加利亚人最常吃的沙拉了。

　　看着吃得开心的两个孩子，路易斯大叔也胃口大开，他一边吃还不忘一边介绍，他指着一盘烤南瓜说："保加利亚人很喜欢用烤南瓜来招待客人，制作的方法很简单，将南瓜去皮，切成块状放进烤箱里烤熟，再撒一些白糖和果仁就好了，虽然简单，但吃起来很美味。"

　　米娜连忙拿了一块尝了一下，忍不住竖起大拇指："好吃！真好吃！"听米娜这么说，多多也连忙尝了一块，觉得很好吃，又一连吃了好几块。他一边吃一边问："这大概就是保加利亚人的主食了吧？"

　　"这倒不是，保加利亚人最喜欢吃面包和烤饼，所以面食是他们的主食。他们也会吃一些米饭，不过米饭对他们来说只是调剂食品，不是主食。"

　　最后上来的是一道甜点，有点类似东方的糕饼，中间还夹着杏仁等坚果，味道又香又甜，非常好吃。据服务员介绍，许多保加利亚家庭都会做这种甜点招待客人，当然大街上也会买到，不过还是家里做

得比较香。

　　路易斯大叔笑着说："当然是妈妈的味道最好吃啦！"

　　一顿饭下来，多多和米娜都感觉吃多了。多多满足地摸着肚子："真是不虚此行啊！第一顿就把保加利亚美食尝了个遍！"

　　路易斯大叔敲敲他的头："你这可是说大话了！保加利亚美食除了今天这几道，还多着呢！以后几天你还可以慢慢品尝！"

　　"我们晚餐吃什么呀？"米娜刚吃完午餐，就想着晚餐了。

　　"这里的晚餐一般没有午餐那么丰盛，不过红茶是一定要喝的。" 路易斯大叔对这里红茶的味道可是想念了很久呢！

保加利亚传统美食

保加利亚传统美食很多，主要有Sarmi、绍酒普凉菜、千层饼等。Sarmi的做法是：把肉和白菜一起切碎、煮熟，也可塞上大米；绍酒普凉菜的做法是：西红柿、黄瓜等蔬菜切成丁，浇上素油和其他调料，在最上面盖上奶酪丝，中间放一个完整的青辣椒。

另外，如果你到保加利亚人的家里做客，主人招待你，如果你想要东西，千万别点头，因为在他们的国家里，点头表示不，而摇头表示是。

第3章

索非亚王冠上的明珠

　　"阿嚏！"米娜正在睡梦中，多多用一根草秆，凑近米娜的鼻孔，惹得米娜打了个大大的喷嚏。

　　"哈哈！哈哈！"多多笑得腰都直不起来了，"天气这么好，路易斯大叔要带我们出去玩了。"

"去哪里啊？"米娜伸了个懒腰，懒洋洋地问。

"跟我走吧！路易斯大叔已经在车上等我们了。"多多拉着米娜就走。

上了车，米娜觉得自己还没睡醒，便说："我再打个盹，到了叫我啊！"

"别睡啦！很快就到的，今天我们去博亚纳教堂，离我们住的索非亚只有8千米，开车十几分钟就到了。"路易斯大叔转过头来说。

"巴黎圣母院、圣玛利亚大教堂我都去过啦！"米娜有点不以为意，"这个教堂有什么特别之处啊？"

"它可是著名的世界自然文化遗产，被誉为'索非亚王冠上的明珠'呢！你会有很多发现的。"路易斯大叔笃定地说。

果然，不一会儿，车就在一座山下停了下来。

"我们现在就在维多莎山脚下，这座山风景秀丽，是索非亚市民节假日爬山和郊游的最佳去处。"路易斯大叔一边往山上走，一边介绍，"这里的春天是满山的绿树；夏天有潺潺的飞瀑；秋天层林尽染，色彩斑斓，美得像一幅油画；更妙的是冬天，滑雪爱好者们可以在这里尽情玩耍。"

"我最喜欢滑雪啦！冬天的时候我还要来！"多多蹦蹦跳跳地走在前面。

他们走到了一堵高高的白色围墙下，墙上布满了绿色的藤蔓，一扇小门与雄伟的建筑相比并不显眼，门的小牌子上写着"博亚纳教堂"。

走进门，是一个院子，院子里碧绿的大树直插云霄，五颜六色的

野花竞相开放，就像走进了一个美丽的
花园。有一条石头小路，通向几十米外的教堂。教堂
虽然古老，但很富丽堂皇，静静地矗立在那里。

　　眼光锐利的多多首先有所发现："这里有好几个教堂呢！"

　　"博亚纳教堂由三座教堂组成，建造年代和风格各不相同，都有
着漂亮的圆屋顶。从高处往下看，你会发现这三个教堂的建筑都呈十
字形，这是典型的希腊风格。"路易斯大叔解释说。

　　"为什么要建造成希腊风格？难道这教堂是古希腊人造的吗？"
米娜问道。

　　"这个说来话长了。"路易斯大叔拿着相机，"咔嚓咔嚓"
照了好几张相，"这要从保加利亚的历史说起，曾经，很多国
家和民族抢夺过这片上帝赐予的土地，它被不同的国家和民族统
治过，比如古罗马人、色雷斯人等，所以保加利亚融合了各个民族
的文化，建筑也呈现出多样的风
格。"路易斯大叔娓娓道来。

19

"为什么要建造三个教堂呢？"米娜继续问。

"这三个教堂建于不同的时期，有着不同的作用。最古老的是东教堂，是古时候的保加利亚人为了防御外族的入侵而建造的。你们跟我来。"路易斯大叔带着他们向教堂的南侧走去。

令米娜和多多大惑不解的是，门竟然离地面4米多高。"这让我们怎么进去呀？"他两觉得好奇极了。

"呵呵，不是有铁架楼梯通向上面吗？而且这个楼梯是可以拆卸的。"路易斯大叔说。

多多恍然大悟："哦！我知道了！这是为抵御外敌用的，把楼梯一拆，敌人就无法进来了！"

"聪明！"路易斯大叔表扬了多多，又继续说，"你

们看，门的上端和两侧各有一米高的小拱门，门的上方还有漂亮的同心圆型砖饰。仔细看看，砖饰上还有玄机呢，这里有一排小孔，本来镶嵌着五彩缤纷的陶瓷片，可惜的是，因为战争和风雨的侵蚀不见了。"

　　绕到教堂的西边，路易斯大叔带他们走了进去："这里曾经遭到地震的严重破坏，墙上有明显的裂痕。教堂里最引以为豪的壁画被破坏得很严重，只有一小部分保存下来。不过，神奇的是，壁画分内外两层，内层的壁画最近才被发现。"

"为什么要画内外两层呢？"米娜问。

路易斯大叔笑着摇摇头："这是个谜。"

"快来看啊！这里有好漂亮的玻璃窗！"多多在前面大叫。

米娜连忙跑过去，果然，教堂墙壁的玻璃窗，色彩非常鲜艳，在阳光下闪烁着七彩的光芒。

"彩色玻璃窗是博亚纳教堂的一大特色呢！"路易斯大叔点点头，"不过这里最著名的就是中教堂的壁画了，我们去看看吧！"

走进中教堂，他们立刻被那些色彩艳丽的壁画吸引住了。路易斯大叔介绍说："这些画个个惟妙惟肖，最著名的就是《最后的晚餐》和圣像画了。不过可惜的是，画家没有留下大名。"

"距离现在，都有近千年了！保加利亚的古人真了不起啊！"他们不禁感叹道。

走进西教堂，出乎他们意料的是，西教堂内部空空如也，没有任何装饰，也没有任何摆设。据这里的工作人员介绍，以前这里是专供教堂工作人员和信徒们休息的地方，教堂成为游览胜地之后，这一功能自然废弃了。

从博亚纳教堂出来，已经是傍晚了，米娜回头看看夕阳下的教堂，美得就像一幅画，难怪它被称为"索非亚王冠上的明珠"啊！

第4章

奇妙的金桥

清新的晨风吹来了山上清脆的鸟鸣，米娜从美梦中醒来。

昨天，他们参观完博亚纳教堂，在米娜的强烈要求下，就住在了维多莎山上。米娜喜欢爬山，维多莎山风光这样秀丽，住在这里多舒

服呀！于是，今天吃完早饭，米娜提议去爬山。

　　清晨的空气很新鲜，溪水潺潺，鸟儿鸣叫，一路上还有野花相伴。"六月的鲜花，开遍了原野……"米娜看着眼前的美景，情不自禁地唱起歌来。

　　"我考你们一个问题。"路易斯大叔一边爬山一边说道。

　　"我相信这个问题一定难不倒我。"多多自信满满地说。

　　路易斯大叔笑着敲敲多多的头，说："世界上最古老的桥是哪座？"

　　"这……"多多抓耳挠腮，"这还真回答不上来。"

　　"米娜，你知道吗？"路易斯大叔转过头问米娜。

　　米娜思索着："如果我没记错的话，应该是我们中国的赵州桥。"

　　"你很棒！"路易斯大叔跷起大拇指，"赵州桥已经有一千多年

的历史了，是一座非常了不起的桥。"

"你们知道世界上最特别的桥有哪些吗？"路易斯大叔又问。

"这个我知道！"多多抢着回答，"英国有座会翻卷的桥！"

"那是英国的翻滚桥，"路易斯大叔说，"世界上最特别的桥，远在天边，近在眼前，就在这座山上。"

"啊？真的吗？"米娜和多多惊讶极了。

"山上怎么会有桥呢？"多多显然有点不相信。

"不信？那就跟我走吧！"路易斯大叔带着他们往前走去。

维多莎山上小路四通八达，路易斯大叔带着他们七拐八拐，像是在丛林里探秘。阳光透过浓密的枝叶，把点点金光洒下来。

爬了一个多小时后，他们来到了一处山崖上。"我们现在在北坡的山崖上，脚下的这片山崖，因为形状像马蹄，所以被称为'马蹄崖'。"

站在马蹄崖上往下望，远处的索非亚市区尽收眼底。

"这里不是叫金桥吧？"米娜问。

"当然不是啦！山上有两条通往山顶的公路和两条高空缆车线，我们先到山顶再说吧！"路易斯大叔说。

从马蹄崖上去，不一会儿，就来到了坐缆车的地方，路易斯大叔买好了票，带着他们坐上了去山顶的缆车。

多多一边看着脚底下，一边说："维多莎山好像还挺高呢！"

"对啊！这座山的最高峰'黑峰'

有2285米，因终年搏击天际乌云而得名。由此可见这座山有多高了。"路易斯大叔回答道。

路易斯大叔接着又说："古代这里是橡树茂密、人迹罕至的山区，现在已经成了索非亚市民休闲度假的胜地了。"

说话间，缆车已经来到了山顶。

"路易斯大叔，你不是在骗我们吧？山顶上怎么会有桥呢？"多多将信将疑。

路易斯大叔笑笑："一会儿你就知道了。"

在山风的吹拂下，他们很快登上了山顶。"你们快来看！"多多在前面大叫。

米娜连忙奔过去，也惊呆了，只见无数浑圆的巨石，从山顶直泻山腰，形成了一条壮观的"石河"。

　　"路易斯大叔，我简直不敢相信自己的眼睛。这么多石头是哪里来的？"米娜叫道。

　　"这些石头是火山爆发形成的。"路易斯大叔一边拍照一边介绍。

　　"什么？火山爆发？"米娜和路易斯吓了一跳。

　　路易斯大叔看到两个孩子受到惊吓便说道："放心啦！这是座休眠火山，不会有危险的。"

　　"什么是休眠火山？"米娜问。

　　"火山分为死火山、休眠火山和活火山。有些火山只是在史前喷发过，但现在已经不再活动，这样的是死火山；有

些在很久以前喷发过，
但长期以来一直静止着，叫休眠
火山；有些火山，时有喷发，称为活火山。"
路易斯大叔滔滔不绝地介绍道。

路易斯大叔接着又说："你们看，这些石头表面是黄绿色的，
所以这条石河被称为'金桥'。"

"好奇怪啊！石头竟然有这样的颜色。"多多摸摸石头，恨不得
带一块走。

"不过，又有另一个说法，这条石河下有溪水潺潺，叮咚作响，
相传，很早以前有人在这里淘金，所以才叫'金桥'。"路易斯大叔
补充道。

米娜看着这条壮观
的"金桥"，不由感叹
道："大自然真是有一
双神奇的手啊！"

翻滚桥

位于英国伦敦帕丁顿地区，它的桥身有12米长，由8段坚固的钢架构成，内部安置有液压油泵，能使桥身完成蜷曲的动作。这座桥平时看起来没有什么特别之处，只是一座钢结构桥，但它的奇妙之处在于，当有船只通过河面时，桥身可以卷起来，以便很高的船通过。

第5章

进入马古拉洞穴

早晨，时针刚指向七点，多多就一骨碌爬起来。因为路易斯大叔要带他们去一个神秘的洞穴探秘，他兴奋得一个晚上都没有睡好。

为了今天的探险，多多可是做足了功课。他在网上查阅了大量资料，甚至把史前洞人的图片都打印了出来，就差把自己打扮成远古人了。

多多神神秘秘地背了个大包准备出发，米娜想一看究竟，可多多说什么都不让她看。

"哼！不看就不看！"米娜有点生气了。

"好啦好啦！给你看就是了！"多多举手投降，他打开包，一根小火把露了出来。

　　"扑哧！"米娜笑了，路易斯大叔也被他逗乐了，"你以为去原始洞穴啊？今天我们要去的马古拉洞穴，是非常美丽的一个地方，放心吧，没有任何危险的。"

　　多多不好意思地挠挠头："万一……万一呢……"

　　"快看！一片湖！一片好美的湖！"

　　顺着米娜手指的方向，多多看见汽车正驶过一片美丽的湖泊，在清晨阳光的映照下，湖面上金光点点，有几只水鸟飞过，翅膀掠过水面，点出一圈圈涟漪。

　　看见米娜和多多看得入神，路易斯大叔说："你们现在看到的就是
保加利亚国内最大的内陆湖泊——拉比纱湖了。它和我们今天要去的马
古拉洞穴都在保加利亚西北部维丁大区，距离首都索非亚180千米。"

　　"这地方有山有水，真是天堂啊！"米娜不禁感叹道。

　　"是啊，所以说保加利亚人是'上帝的宠儿'啊！"多多羡慕地说。

　　不一会儿，他们的车到达了一片山坡下。

　　"下车吧！我们的探险之旅要开始了！"路易斯大叔跳下车，做
了一个"请"的手势。

　　　　　　　　　　多多自告奋勇走在前面，
　　　　　　　　　　米娜小心地跟在后面，开始往

山坡上爬。一边爬，米娜心里一边打鼓。看出了米娜的疑惑和担心，路易斯大叔安慰她：“别担心，你会有很多美好的经历的。”

走了一会儿，一个巨大的洞口出现在他们眼前，“嗖嗖”的凉风从下面传来。

往下望去，好深呢！

“这个洞穴深2.5米，是保加利亚国内最大的洞穴，也是世界上

最美丽最著名的洞穴之一呢！"路易斯大叔介绍道。

"跟我来吧！小探险家们！"路易斯大叔顺着石头，小心地往洞里爬。多多兴奋极了，紧紧跟着，米娜心里有点打鼓，不过也跟着小心翼翼地往下爬去。

爬下洞，视线顿时开阔起来。这是个巨大的洞穴，石头形状奇特，有的高高地竖着，顶天立地；有的垂下很多很多石条；有的长长地横着。

"啊——"听到米娜的惊叫，路易斯大叔和多多连忙奔过来。

"这……这是什么？"米娜指着一处骨架，害怕得捂住了眼睛。

"别怕！"路易斯大叔拍拍米娜的背，"这是一种史前动物的骨骼，叫洞熊。"

"洞熊？这个洞里有熊吗？"米娜更害怕了。

"哈哈！别怕！它们早在两万年前的冰河时期就灭绝了，因为它们的化石都是在洞穴内被发现，所以叫洞熊。"路易斯大叔继续说，"在世界上很多著名的洞穴内，都发现过洞熊的骨骼，在中国北京的周口店也曾发现过。"

"洞熊和现在的熊有什么不一样吗？"多多来了兴趣。

"洞熊的体型比现在的熊大一些，雄洞熊的体重可达到1000千克，但雌性要小很多，洞熊寿命约为20年，是草食性动物，食物主要

是草和浆果，但有时也吃蜜糖。"路易斯大叔如数家珍。

"那洞熊怎么会灭绝的呢？"多多追问道。

"洞熊生活在更新世，由于那时气候突然变冷，它们的食物就变得稀缺甚至消失。因为缺乏食物，导致洞熊逐渐灭绝了。不过后来又有科学家证实洞熊是杂食动物，这样洞熊因缺少食物而灭绝的说法就不存在了。直到现在，还没有找到它们灭绝的最准确的原因。"路易斯大叔说。

路易斯大叔向前走去，走到一处骨架前停了下来："你们看，这也是一种史前动物，叫洞穴土狼。"多多和米娜定睛一看，果然是狼的骨骼，不过好像比现在的狼个头要小一点。

"原来这里有熊还有狼，不知道还有什么动物呢？"多多仔细寻找着。

"这个洞穴里，还有更重要的发现呢！"路易斯大叔继续向前

走，在一处壁画前停了下来。米娜和多多惊异地发现，石壁上有画！这里的壁画没有博亚纳教堂的色彩鲜艳，却也很精美。

"看！这里的人们在跳舞。"米娜发现壁画内容很丰富。

"这里画着人们在狩猎呢！"多多也发现了。

"还有人们在祈祷的场景！"

……

不一会儿，他们就找到了很多内容不一的壁画，这些壁画线条简单，却惟妙惟肖。

"是的，这些壁画中有的是独特的舞蹈，有的是宗教仪式、祈祷场景，还有狩猎场景以及劳动工具，壁画记录了人们在旧石器时代晚期、新石器时代以及早期青铜器时代的生活景象。"路易斯大叔介绍道。

"太神奇了！"多多感到不可思议。

"世界本来就很神奇，有更多更多的秘密等着我们去发现呢！"路易斯大叔意味深长地说。

第6章

收到特别的花

　　"叮咚——叮咚——"，一大早，路易斯大叔他们还在睡梦中，清脆的门铃便唱起了歌。

"谁啊？"多多嘴里嘟嘟囔囔的，跑去开门。打开门，门外站着一个保加利亚姑娘，她笑容满面地递上一束鲜花，转身便走了。

　　多多满心疑惑地接过鲜花，这是谁送给谁的花啊？真让人摸不着头脑。

　　这时，米娜和路易斯大叔的房门都打开了。米娜看见花，连忙跑过来："哇！好漂亮的花呀！"她拿起花里的卡片一看，接着说道："路易斯大叔，这是送给

你的花！"

路易斯大叔走过来接过花，笑着说："这花是我的一个保加利亚朋友送的，因为今天是我的生日呢！"

米娜凑过来，用力吸了吸鼻子："好香好美的玫瑰花啊！"

"你们看，这些可是正宗的大马士革玫瑰，有淡粉色、粉红色和白色三个颜色呢！"路易斯大叔笑眯眯地说。

"听说保加利亚人爱种花，爱买花，也爱送花，对吗？"米娜问。

"没错，去保加利亚人家做客，带上一枝花永远都是最适合的礼物。"路易斯大叔说。

"咦？这是什么花？"细心的米娜发现了玫瑰花下有一种特别的

花，有红白两种颜色。

多多也凑过来，说："是啊！好漂亮的花，可我从没有见过。"

路易斯大叔抽出一枝花，放在手里仔细端详。

"你们仔细看看。"他把花递给米娜和多多。

米娜接过花，发现这花不太一样，仔细一看，原来是毛线编织成的，但它却栩栩如生，娇艳欲滴呢！

"保加利亚人叫它三月花，其实不是真的花，它是用红白两色线编成的手工艺品。" 路易斯大叔解释道。

　　"太奇怪了，保加利亚人还喜欢送假花啊！"多多很不解。

　　路易斯大叔解释道："三月花是保加利亚人非常喜欢的一种花，每年的三月一日，叫'三月奶奶节'，这一天，保加利亚人会制作三月花，相赠三月花。其实不仅有花，还有人物啦、虫鸟啦、小动物啦等，有的戴在手腕上，有的别在衣服上，还有的甚至挂在宠物身上。"

　　"三月花有什么特别的含义吗？"米娜问。

　　"保加利亚人编织三月花，祈祷的是健康、吉祥、幸福。人们用灵巧的双手，编织出了蕴涵吉祥、人见人爱的饰物，寄托了他们对生活的美好期望，"路易斯大叔说，"关于三月花，还有一个传说呢！"

　　"哎呀，就不要卖关子了！快说吧！"多多和米娜异口同声地说。

　　"9世纪时，传说保加利亚的国王是一位英勇善战的勇士，他有

一次带领将士驻守边关。三月的一天夜里，他的妹妹做了一个噩梦，第二天她就写了一封信，用白色丝线把信扎在鸽子腿上，寄给哥哥，希望他平安。没想到鸽子途中受伤，鲜血把丝线都染成了红色。国王被感动了，他将那根被鸽子的鲜血染红的白丝线别在胸前，更加勇猛地战斗，平安凯旋。红白丝线成了国王的护身符，其他将士也纷纷效仿。三月花就这样流传开来了。"路易斯大叔滔滔不绝地说。

"对了多多，你有没有看到刚才送花过来的是什么人啊？"路易斯转过头来问。

"是一个陌生的保加利亚姐姐，我不认识。"多多回答道。

"我们住的这个布尔加斯区，有一家鲜花快递公司，每天负责将数万束新鲜玫瑰花按时送到客户的家里，被称为'鲜花天使'，估计刚才上门的，就是一个鲜花天使。"路易斯大叔说。

"鲜花天使，好美的名字啊！"米娜感叹道。

路易斯大叔笑着点点头："是啊，保加

利亚是个'要浪漫不要面包'的民族，他们非常热爱大自然，热爱鲜花，花是他们生活中必不可少的一部分。"

米娜小心翼翼地拿起花，把玫瑰花插在桌上的花瓶里，清晨的阳光微笑着照进来，一只鸟儿在窗口叽叽喳喳地叫着，好像在说："真美真香呀！"

"保加利亚人热爱生活，热爱自然，这样上天才更宠爱他们吧！"米娜回过头来，调皮地眨眨眼，"路易斯大叔，我说得对不对？"

路易斯大叔眼神亮亮的，说："米娜，你说得太好了！吃完饭，我带你们出去散散步，你们会有更多的发现。"

吃完早饭，路易斯大叔带他们出去散步，米娜发现，这里每家每户的阳台上都种着花，花朵尽情绽放着。家家户户的窗子前都是花团锦簇、姹紫嫣红，远远望去，汇成了一个花的海洋。

三月花

　　属于报春花科植物，多年生。一般生长在海拔1500～3000米的山坡草地和灌木丛中，花朵一般是蓝紫色或紫红色，但是也有极少数是白色，尾端有淡淡的黄色。早春季节开放，夏季采收，晒干入药或鲜用都可以。煎汤服用，有散瘀止血的功效。

第7章

发现温泉谷的秘密

一大早，阳光灿烂，路易斯大叔和两个孩子坐上了观光巴士，穿过首都索非亚，向60千米外的里拉山进发。

路上，两个孩子兴奋极了，一边听导游介绍一边还叽叽喳喳地讨论着。

"里拉山是巴尔干半岛最高山脉，也是欧洲第六高山，仅次于阿尔卑斯山脉、高加索山脉、

内华达山脉、比利牛斯山脉和埃特纳山脉，最高峰穆萨拉峰海拔2925米……"

"哇！"多多惊叫起来，"比我爬过的泰山还要高呢！"

路易斯大叔转过头来，笑着说："小鬼头，是不是害怕了？"

"哪有？我多多上天入地，什么时候怕过？" 多多不以为意地撇了撇嘴。

看着米娜有点忐忑，路易斯大叔安慰道："别担心，有索道可以坐到半山腰的。"

广播里，导游还在介绍："这里的野生动物被保护得很好，与游人和谐相处……"

"看！一只兔子！" 有游客惊呼起来，说话间，一只兔子穿过路边的草丛，迅速消失不见了。

一个多小时后，车子稳稳地停了下来，多多和米娜迫不及待地跳下车来。

山脚下有不少旅馆和餐馆，这里的小屋很多都有尖尖的红色的屋脊，在蓝天绿树的映衬下显得格外好看。他们决定先坐索道到半山腰，然后徒步攀登里拉山的最高峰穆萨拉峰。

不一会儿，路易斯大叔买好了索道票，带着两个兴奋的小鬼头坐上了缆车。透过缆车的玻璃，可以看到下面郁郁葱葱的森林，不一会

儿，视线就开阔起来，可以清晰地看到下面大片大片被绿色覆盖的山坡。

路易斯大叔一边拍照一边向他们介绍道："现在是盛夏季节，市区白天温度经常超过40℃，但里拉山两千米左右还有冰雪，可以看到游客们穿着夏天的衣服在雪地里拍照的有趣情景。"

两个孩子被逗乐了，想象着盛夏季节在雪地里拍照的样子，觉得真是有趣极了。

下了缆车，游客们好多都在忙着涂防晒霜，多多和米娜赶紧喝水，准备全速前进。

考虑到两个孩子第一次长时间登山，路易斯大叔特意挑了一条比较好走的路线，它是经过人工开发过的，不过还是尽量保留自然原貌，没有水泥阶梯和防护栏杆。

看到有些登山的游客穿着游泳衣，米娜感到丈二和尚摸不着头脑，于是问道："不是来爬山的吗？穿泳衣干什么？"

"大概是太热了，觉得穿泳衣最凉快吧！" 多多猜测。

"不对啊！你什么时候见过大热天有人穿泳衣在大街上跑的？"
米娜立刻否定了他的想法。

路易斯大叔神秘地笑着说："过一会儿你们就知道了。"

带着满腹狐疑，多多和米娜继续往上爬。这边的山路没有石头做
成的阶梯，是纯天然的带着泥土和石头的小路，米娜想："这大概是
没有泰山、华山那么陡的缘故吧！"正想着，只听到前面的游客一阵
欢呼，多多和米娜连忙跑过去。原来游客们发现了一处流动的水源，
大家都拿着瓶子装水喝，有的人甚至
都等不及了，用手捧着就大口大口地
喝起来。

米娜悄悄地拉拉路易斯大叔的衣
袖，小声地问："这水能喝吗？喝了

会不会肚子疼啊？"

　　一旁的多多正捧着水要喝呢，听到米娜的话禁不住"扑哧"笑了出来："米娜，这回我可要给你普及普及知识了！我们眼前的泉水，就叫山泉水！山泉水是一种天然饮用水，流经的山区一定要纯净无污染。水源来自雨水或者地下，水中含有对人体有益的矿物质成分。最好的水就是高山山泉水了，而里拉山的泉水更是闻名遐迩，都称得上是山泉水中的'战斗机'了！"

　　看着多多自豪又得意的样子，路易斯大叔都忍不住笑了："没错！山泉水中的战斗机，真是难得喝到呢！喝一点吧，走了这么久，嗓子都快冒烟了！"

烈日炎炎，有了刚才的山泉水润喉，米娜果然觉得神清气爽，顿时脚下生风，一路小跑起来，多多也不甘示弱，两个人你追我赶，才一会儿的工夫，就翻过了一座小山头。米娜停下来，大口大口地喘着粗气，忽然，多多的视线被路旁的一棵树吸引了过去。这棵树状似松树，但又有点不同。

路易斯大叔看出了他的疑惑，笑着给他们解答："这种松树名叫黑松，成年后高度可达30多米，胸径2米。因树皮带灰黑色而得名。里拉山上还分布着好多种类的树呢！你们可以留个心眼，看看还有哪些树种哦！"

看着两个孩子崇拜的眼神，路易斯大叔忍不住笑了："世界就是一本书，不断地等着你们去探索，去发现，要做一个有心人，才能收获更多啊！走吧！我们

要追上前面的游客才行。"

多多和米娜这才发现他们已经和前面的游客差了一大截了，便赶紧加快脚步，跟着路易斯大叔往前赶去。

时间过得真快，不知不觉，他们已经翻过了两座山头了。忽然，米娜像想起什么似的："路易斯大叔，你刚才留了个谜语给我们，什么时候给我们揭开谜底啊？"

"什么谜语啊？我怎么不记得有什么谜语啊？"多多早就忘了有这一回事情了。

"不急不急，很快就要到了！"路易斯大叔一副胸有成竹的样子。

说话间，他们又翻过了一座小小的山头。不远处，绿树掩映的地方，聚集着很多人，仿佛还能听到淙淙的水声，他们连忙拨开人群钻了进去，不禁同时兴奋地叫起来："哇！温泉！"只见泉眼里汨汨地

往外冒着热水，四周热气升腾，这是个天然的温泉池呢！

米娜恍然大悟，原来，路易斯大叔说的谜底就是这个呀！

多多高兴得手舞足蹈："我可以洗个热水澡啦！"

"可不止洗个热水澡这么简单，"路易斯大叔不失时机地向他们介绍，"走了这么长时间的山路，泡泡温泉可以消除疲劳，但它更大的秘密在于，它对身体健康也很有好处，甚至可以治疗皮肤病呢！泡温泉的时候，大部分的化学物质会沉淀在皮肤上，治疗一些皮肤疾病，温泉中的有些化学物质还可以刺激神经，对人体健康起到好作用呢！"

看着身旁的游客纷纷走进温泉池里，米娜沮丧极了："路易斯大叔，你知道也不早点告诉我们？现在，我们只能眼巴巴地看着他们泡温泉了。"

路易斯大叔像变戏法似的从背包里拿出两套泳衣："喏！我这不早就给你们准备好了！"

　　多多和米娜惊喜地叫起来，连忙在一边的帐篷里换上了泳衣，跟着路易斯大叔走进了池子。他们刚刚坐定，一群小鱼游了过来，在他们的脚上啄啊啄，痒得米娜咯咯咯地笑。

　　路易斯大叔看着他们两个好奇的样子，解释道："这些小鱼来自热带，是后来有人特意放进去的，这些小鱼啄的是我们身上的死皮，这就是它们的食物哦！"

　　多多伸直了脚躺在池子里，感叹："真舒服！真是人间天堂啊！"

路易斯大叔敲敲他的头："明天我们要去的地方'里拉七湖'，会让你大开眼界的！"

听路易斯大叔这么说，两人立刻来了劲："真的吗？先给我们介绍介绍吧！"

路易斯大叔又卖起了关子："等着明天你们自己去发现吧！"

一边舒服地泡着温泉，米娜一边想象着："明天要去的'里拉七湖'，一定是个更美的人间仙境吧！"

里拉山

　　里拉山在保加利亚的西南部，山上大多是高耸的峭壁和山脊。这里降水充沛，云雾较多，日照时间短，气温比较低。因为海拔比较高，所以里拉山终年积雪。山上植被茂盛，主要林木有冷杉、云杉、欧洲赤松、黑松等。山上有着丰富的矿产资源，令人欣喜的是，山上还有众多温泉，温泉里涌出的泉水汇成小溪，潺潺流淌。

第8章

美丽的里拉七湖

从山间的小木屋里醒来，天已经大亮了。路易斯大叔伸了个大大的懒腰，昨天爬了一天山把两个小家伙累坏了，他们现在还在呼呼大睡呢！

"小家伙们，起床啦！"

米娜和多多从美梦中醒来，揉了揉惺忪的睡眼，多多打了个哈欠："哎呀！昨天泡了温泉，晚上睡得真是太香啦！"

吃过早饭，他们背着包出发了。今天他们要攀登里拉山脉的另一侧，

寻找传说中美得像仙境一样的里拉七湖。

"路易斯大叔，里拉七湖，顾名思义，是不是有七个湖呢？"米娜兴致勃勃地问。

"没错，是7个大小不一、形状各异的湖，分布在这座山上，它们彼此之间还有小溪和瀑布连着。"路易斯一边看着地图一边回答。

这会儿还是早晨，山上的雾气还没有退尽，大雾给里拉山披上了一件纱衣，远处的山朦朦胧胧的，看不清楚。

他们一边爬山一边欣赏着里拉山的风光，这里海拔不高，地势比较平坦，视线很开阔，有繁茂的树和草地，景色

十分优美。不远处，有几匹马在草地上悠闲地吃草，路易斯大叔介绍说，这些马是山上的旅馆放养的，用来驮运货物。

爬了一个多小时后，他们到达了缆车小屋。这里已经是海拔1585米了，缆车可以把他们送上海拔2100米，避免了攀登之苦。据说以前里拉山因为山路难走，游客并不多，后来有了缆车，游客一下子就多了起来。

排队的时候，米娜发现这里的缆车竟然是开放式的，心里打起了鼓，犹豫着要不要坐。

多多安慰她说："别怕！开放式缆车有挡杆的，其实并没有危险。坐在上面，还可以欣赏到美丽的里拉山风光呢！"

听多多这么说，米娜壮着胆子坐了上去，她才不想被多多笑话呢！

坐在缆车上，多多看着下面郁郁葱葱的森林，惊异地发现竟然有人选择沿着缆车下的山路徒步上山。路易斯大叔介绍说，这些都是登山爱好者。

从缆车上下来时，太阳出来了，六月的阳光已经很烈了。戴上了太阳镜，他们又继续登山了。山路并不好走，遍布着大大小小的石块，一不小心就会滑倒，所以他们走得很小心。

半个小时后，一片美丽的湖出现在他们眼前。远远地看过去，湖水蓝幽幽的，水平如镜，像一块翡翠镶嵌在山谷里。

米娜兴奋地拍着照，问："路易斯大叔，这个湖叫什么名字？"

"因为它清澈见底，就叫'泪珠湖'。"路易斯大叔回答道。

湖边，有一个石头砌成的小屋，很多游客停下来用午餐。路易斯大叔也摊开餐布，拿出面包和香肠，爬山很费体力，该补充补充啦！米娜和多多顾不上客气，狼吞虎咽地吃起来。

饱饱地用过午餐之后，他们又出发了。六月的里拉山很美，好多好多的野花都盛开了，红的、白的、紫的，散落在山坡上，这里几朵，那里一丛，真是美极了。多多高兴得唱起了山歌，不时地走调，逗得米娜哈哈大笑。

一边爬山，一边欣赏着美景，吹着山风，没过多久，第二个湖出现了。多多一屁股坐了下来，大喊："第二个湖，我来啦！"

路易斯大叔笑着说："它不叫'第二个湖'，它有名字的，叫

'三叶草湖'。"

"真是湖美，名字也美啊！"米娜不禁感叹道。

稍作休息后，他们继续爬山。不一会儿，第三个湖——双子湖到了。旁边紧挨着的，就是第四个湖——腰子湖。

"多多，你觉得那个腰子湖像什么？"米娜指着第四个湖问。

"顾名思义，像腰子呗！"多多不假思索地回答。

"我觉得，还像一颗心呢！"听米娜这么说，多多觉得还真是挺像的。

"这个湖也是里拉七湖中最大最美的湖了。"路易斯大叔说。

坐在湖边休息的时候，多多发现了一种奇怪的植物。它像一颗青菜那么大，有很肥很大的叶子，摸上去不像植物的叶子，倒像厚厚的绒布。"路易斯大叔，你认识这种植物吗？"多多问。

　　路易斯大叔摇摇头："我也没见过，这山上有很多植物我都还不认识呢！"

　　此时，山谷间很宁静，他们坐在山坡上，看着山谷间清澈的湖水，山间的微风吹过，真是惬意极了！

　　"走吧！前面还有三个湖呢！"路易斯大叔站起来，又出发了。

　　有美景在前面，他们也顾不上累了。沿着一个小瀑布，他们开始往山下走，一会儿，就看到了"眸子湖"和"下湖"。给湖拍照的时候，多多惊奇地发现，湖的对面竟然有雪。连忙抓拍了几张，多多想："这些照片带回去给小伙伴们看，他们一定惊讶极了！"

第七个湖在山顶，所以他们没停留多久，就又开始往上爬。因为期待着接下来的美景，他们脚下的步子也轻快起来。山顶的白云呼啦啦而过，像是在和他们比赛跑步似的。

　　终于到达了第七个湖，米娜和多多欢呼着奔过去。

　　"水好清啊！"米娜忍不住伸出手去，"呀！好凉！"虽然已经是六月，但山上的湖水还是冰冷冰冷的。

　　"所以啊，有人在这里冰镇啤酒呢！"顺着路易斯大叔指的方向，米娜果然看到浅水处有几瓶啤酒，还有好多好多的小鱼在水里游来游去。

　　"看！有人在湖里游泳！"多多叫道。

　　果然，远处有几个人正在湖里划动着手臂，看来，冰冷的湖水也阻挡不了他们游泳的热情啊！

站在山顶，远处蓝蓝的山连绵起伏，太阳把金色的阳光洒下，山谷静静环抱着的湖，像一块块晶莹的蓝宝石。

　　下山的路并不好走，甚至比上山更危险。路易斯大叔叮嘱他们，要看好大石块，一不小心踩下去，就会滑倒，那是非常危险的。

　　路易斯大叔刚说完，就听到了多多的惨叫："哎呀！"幸好路易斯大叔反应快，一把拉住了他，否则后果可真不堪设想。

　　走了一小段路后，路易斯大叔带着他们走到了一条比较平坦的路，和刚才上山的时候不是同一路线了。走了好久，终于看到缆车

小屋了。

　　"哇！我们可以坐缆车下山啦！"多多高兴得把帽子扔向半空。

　　坐着缆车下山的时候，他们看到有些游客牵着马悠闲地走下山，有些游客，干脆停下来，搭起了帐篷，看来，他们今晚是要住在这里了。

　　远处蓝蓝的山峦在夕阳的映照下，像仙境一样安静美丽。

三叶草

因为形状美而成为人们非常喜爱的一种植物，常常用于艺术作品中。它又叫车轴草，是多年生草本植物，分白花三叶草和红花三叶草。三叶草是优质豆科牧草，边开花，边结籽，种子细小。它的生存能力很强，喜爱温暖、向阳、排水良好的环境。

第9章

溪流上的里拉修道院

当清晨的第一缕阳光照进山上小旅馆的房间时，路易斯大叔开始了一天的忙碌，他为两个孩子准备了地道的保加利亚早餐。

多多一边狼吞虎咽，一边夸赞路易斯大叔："路易斯大叔，你不仅知识渊博，还有一手好厨艺啊！"

"是啊是啊！"米娜随声附和，又问：

"路易斯大叔，吃完早饭我们下山吗？"

路易斯大叔神秘地说："今天，我带你们去一个城堡。"

"真的吗？"米娜兴奋得两眼放光。

多多煞有其事地说："那我更要准备一下了，去城堡里当骑士，多威风啊！"

"哈哈！多多，你又吹牛！"米娜笑得差点连酸奶都喷出来。

吃过早饭，在清新的晨风中，他们精神抖擞地出发了。一路上，溪水潺潺，鸟儿鸣叫，山间的野花不时传来阵阵清香，整个气氛令人心旷神怡。米娜蹦蹦跳跳地一边走，一边摘着野花。

翻过了一座山头，一座城堡出现在远处。米娜有点不敢相信自己的眼睛："路易斯大叔，原来这里真的有城堡啊！"

　　路易斯大叔调皮地眨眨眼睛："我什么时候骗过你们？这座城堡就是著名的里拉修道院，也是保加利亚最大的修道院，始建于公元10世纪，整个建筑都在一条溪流之上。1983年联合国教科文组织将里拉修道院作为文化遗产，列入世界遗产名录。"

　　"距离现在都有1000多年了！"多多反应很快。

　　说话间，他们已经来到大门前，这是个圆拱形的门，有尖尖的顶，门上画着色彩鲜艳的圣经的图案。修道院的大门并不宏伟，走进去，却发现了它的壮观。

　　看着他两惊讶的样子，路易斯大叔介绍道："里

拉修道院由11座建于不同时期的教堂、20座建于14世纪至19世纪的住宅楼，加上1座防御塔和1座半圆形的4层楼组成。整体排布成圆弧形，就像一座封闭的城堡。"

"保加利亚人民真了不起啊！建造了这么恢宏的建筑。"多多感叹。

路易斯大叔补充说："这是由隐士圣胡安·德里拉建造的。"

路易斯大叔一边往里走，一边介绍说："里拉修道院有着风雨飘摇的历史，原先它并不在这里，而是在一个山洞附近，那是保加利亚第一位圣徒里奥斯基居住过的山洞。13世纪至14世纪迁到现在的地址。14世纪初期，里拉修道院毁于地震。后来修道院得到重建，并修筑了坚固的城堡。"

路易斯大叔在回廊的壁画前停了下来，说："这里有许多壁画和神像，它们大多数出自名师之手，其中有保加利亚宗教画中最杰出的作品。正因为这样，1961年，里拉修道院成为保加利亚国家博物馆。"

　　"能成为国家博物馆，一定收藏了很多珍贵的东西吧！"多多说。

　　"你的猜测很准确，"路易斯大叔笑了，"读万卷书，行万里路。你们跟着我游历世界，果然越来越有长进了。没错，这里收藏有600多件文物，主要是教堂里或者贵族使用过的器物，都非常珍贵。"

　　抚摸着回廊上的柱子，路易斯大叔说："这里不仅是国家博物馆，更是保加利亚民族精神的象征。土耳其人入侵时，曾经三次残暴

地焚毁这座修道院，但保加利亚各地的居民发扬小鸟筑巢的精神，一点点地从各处运来建筑材料，开始修道院的恢复工作。不久，里拉修道院又重现昔日的风姿。通过重建这座修道院，我们可以看到保加利亚人民维护自己民族的尊严、保护国家的决心。"

"你们猜猜，这里哪一座建筑是最先建造的？"路易斯大叔问。

多多打量了一下周围的建筑，肯定地说："应该是中间的大教堂，先中间后两边嘛！"

米娜有点举棋不定："光这样看，看不出哪座最古老啊！"

路易斯大叔指着最高的防御塔说："最早的建筑是这座防御塔，全部由红砖和石头砌成。塔的窗户很窄，你们仔细看，会看到塔身上有无数射击孔，依稀可以想象出当年战争的场景。"

"我们登上塔楼去看一看吧！"路易斯大叔带着他们往前走。

走进塔楼内部，他们发现里面的空间很狭窄，一级一级的石阶通向上方。登上塔楼，透过狭小的窗户往外看，周围的建筑都尽收眼底。

"你们看！可以看到远处的雪山呢！"多多大叫。

"你明天可以去滑雪啦！"米娜和他开玩笑。

"这里的每栋建筑都很了不起，你们看那幢半圆形的楼房，"路易斯大叔介绍，"四层楼又分为东西南北四部分，共有300多个房间，过去曾经同时供上万名朝圣者在此住宿。"

"上万人啊！"米娜和多多不禁咋舌，可以想见当时的场景肯定非常壮观。

"我发现这里的建筑都有回廊、柱子和拱形的顶。"米娜很会发现。

路易斯大叔点点头："这就是典型的拜占庭建筑的风格。"

"你们看那座教堂，"路易斯大叔指着左边的一座教堂说，"这座圣胡安教堂是最早的一座，是在圣胡安洞穴的基础上修建起来的，圣胡安的墓就在里面。这座教堂将自然洞穴与人类文明结合在一起，是个伟大的创举。"

"如今的里拉修道院是建筑、艺术、宗教、教育的中心，是世界级的旅游胜地。"最后离开里拉修道院时，路易斯大叔这样总结道。

第10章

遇见熊

一大早，天刚蒙蒙亮，多多就蹑手蹑脚起了床，他想观看山上日出。没想到，天灰蒙蒙的，没有一点要出太阳的意思，多多沮丧极了。

吃完早饭，天还是阴沉沉的，不过这一点都没有影响路易斯大叔一行游玩的兴致，他们坐上汽车，直奔皮林山。

米娜饶有兴趣地看着旅游手册，一边看一边给多多介绍："皮林山区在保加利亚西南，这里有60多座海拔超过2500米的高山，这些高山上常年积雪，但是空气很清新，气候也很适宜，生长着许多濒危的动植物。"

　　汽车驶过干净整洁的小镇，开进了盘山路。路的两旁是茂密的森林。这时，车上的人都笑了起来。米娜听不懂保加利亚语，连忙问路易斯大叔："他们笑什么呀？"

　　"车上的司机说，皮林上的熊认识保加利亚人和外国人，它们专门挑外国人吃。"路易斯大叔说。

　　"真的假的呀？"米娜汗毛直竖。

　　多多撇撇嘴："我才不信呢！"

"也许哦！"路易斯大叔装出熊的样子，逗得大家哈哈大笑。

下了车，他们直奔索道入口，这是一座红色尖顶的小房子。坐在缆车上往下看，两侧都是高大葱郁的松树，米娜心想："这茂密的丛林里会有熊和狼吗？它们会窜出来吗？"

半个小时后，缆车停了下来，他们来到了一座小木屋前。这座小木屋年代有些久远，墙上装饰的木头都有点发黑了。小木屋旁边有一个湖泊，湖边有好多野花野草，开得煞是美丽。路易斯大叔决定在这里吃点东西短暂休息一下，再准备全速前进。

刚开始爬山，米娜和多多的兴致很高，一路上有说有笑，不一会

儿便爬过了一座小山头。回头看看刚才的湖边的小木屋，它就像一幅唯美的油画。

沿着小山头往下走，就到了谷底，是一片绿油油的草地，有好多石块散落着。米娜摘了一朵黄色的野花插在包上，开玩笑说："待会儿如果遇到熊，我就把花送给它，它就不吃我了。"

多多说："遇到熊我有绝招，保证没问题。"

"是什么？快说说！"米娜迫不及待地问。

"装死呗！熊是不吃死人的。"多多一副胸有成竹的样子。

"这倒是真的，米娜，如果真的遇到熊，装死是唯一的办法。"路易斯大叔正色道。

米娜默默地记在心里，有点忐忑地继续爬山。他们接下来

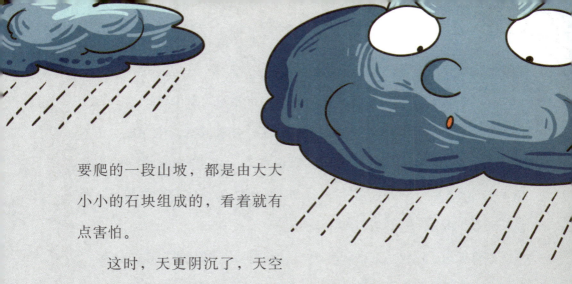

要爬的一段山坡，都是由大大小小的石块组成的，看着就有点害怕。

这时，天更阴沉了，天空有大朵大朵的乌云飘过，不一会儿，就下起了雨。

路易斯大叔叫道："糟糕！不好了！"

"怎么了？"米娜和多多紧张地问。

路易斯大叔皱着眉头说："在这种山上遇到下雨可不是好事，你们看这些石块，大小不一，而且会有松动和滑落，更糟糕的是，这些石头表面又有苔藓，下了雨石头会变得很滑，一不小心就会摔倒或者崴了脚，很危险呢！"

"那我们现在该怎么办？"米娜和多多沮丧极了。

"再大的困难都不要害怕，"路易斯大叔给大家打气，"为了能在天黑前赶到前面一座小木屋，我们得加速前进了！不过一定

要注意安全啊！"

路易斯大叔走在前面，米娜和多多小心翼翼地跟在后面。

路易斯大叔每次都要找一块大的石头，试着踩踩，确保安全了才踩上去。跟着路易斯大叔的步子，倒也安全。不过米娜和多多一点儿也不敢掉以轻心，有句话说得好："不听老人言，吃亏在眼前。"路易斯大叔的叮嘱可不能不听啊！

"你们说，这座山上会有熊吗？"这时候，米娜还不忘熊的危险。

"熊才没本事爬这种山呢！按它们笨重的身躯，早就滚下去了。"多多气喘吁吁地说。

米娜也觉得累极了，很想停下来休息，但为了脱离危险，就又坚定地加足马力往上爬去。

山路越来越陡了，这时候光用脚已经不够了，他们手脚并用，艰难地往上爬去。多多把包背在后面，用手紧紧地抓着攀爬的岩石。米娜这时候也无心拍照了，全心全意地爬山。

终于爬过了最陡的一段，他们稍微松了口气。路易斯大叔看到前面有石头垒起来的高高的石堆，又拿了几块石头垒在上面。

"路易斯大叔，你这是在干嘛？"多多好奇地问。

"如果山上的雪没有消融，这些石堆可以为登山的人指明方向。"路易斯大叔边垒石头边说。

"你们看，山上现在还有雪呢！"多多抓起一把雪叫道。米娜赶紧帮他抓拍精彩照片。

不敢多作停留，他们又开始了艰难的跋涉。

不知爬过了多少座山头，天色渐渐暗下来，他们的目的地小木屋终于出现在眼前。米娜觉得自己累得都快虚脱了，只想奔到小木屋里喝碗热汤。

小木屋越来越近了，尖尖的橙色屋顶在湖泊和绿草野花的映衬下，显得那样美丽。米娜觉得刚才的懊恼和沮丧，顿时一扫而光。

走进小木屋的餐厅，他们感到来到了另一个世界。这里有很多人在用餐，热闹非凡，有些没有位置坐的人干脆在地板上坐着，主人在厨房忙碌着。当他们的晚餐端上桌子时，两个小家伙不顾形象，狼吞虎咽地吃起来。

吃完饭，天已经有点黑了。山上的早晚温差很大，这时候温度已经降得很低了，人们都穿上了厚衣服。他们三人决定晚上就住在这里。

小木屋外面的草地上，有些人搭起了帐篷。很多人围坐在一起，热闹地聊着，不时传来爽朗的笑声。

"路易斯大叔，晚上会有熊来吗？"临睡前，米娜不放心地问。

"哈哈！这里很安全，熊不会来的，你就安心睡吧！"路易斯大叔说。

得到路易斯大叔的回答后，米娜放心地睡了，不一会儿就轻轻打起了鼾。

第11章

走出碎石山

第二天起床时，太阳已经在向他们微笑了，这里丝毫都看不出昨天下过雨的样子。

经过一整晚的休息，米娜和多多又精神抖擞了。

小木屋前有一块指示牌，路易斯大叔指着其中一座被冰雪覆盖的山峰说："这是皮林山的最高峰，是我们今天最有难度的挑战，就看你们有没有信心了。"

"当然有！"米娜和多多异口同声地回答。

带着满满的信心，他们出发了。经过小木屋前圆圆的湖泊，蓝蓝的湖水泛着层层波纹，湖边有绿色的草和各种颜色的野花在风里摇曳。路易斯大叔一边"咔嚓咔嚓"地拍照，一边说："皮林国家公园所在的山区分布着170多个清澈见底的湖泊，众多动植物在此繁衍生息。"

他们又开始了今天的行程，一开始，还是平谷地带，比较好走。

米娜和多多一边欣赏四周美景，一边还有说有笑的。

　　说话间，他们爬上了一座全是石头的小山头。爬上去并不算难，小心地抓住就可以了。但下来就需要小心了，米娜小心地扶着石头，每走一步都要先试试石头有没有松动，确保没有危险了再走。有时候石头特别大特别陡，就要坐在石头上往下一步步挪动，有时候甚至要趴着爬下去，这么陡的坡，万一掉下来就要滚到山下去了。风呼呼地从耳边刮过，米娜和多多一点儿也不敢懈怠，小心翼翼地下着坡。

　　翻过这座山头，他们又看到了一个湖泊，路易斯大叔连忙拿起水壶走到湖边灌满了水，说："这边山上湖里的水都是可以直接饮用的，好清好甜的水啊！"

多多尝了一口，果然清凉中带着一丝甘甜，便"咕嘟咕嘟"一口气喝了好几大口。

坐在湖边休息的时候，多多一抬头，看见有一只鹰在高空盘旋，惊讶地叫道："快看！有老鹰！"

米娜抬头看看，果然有一只鹰一圈一圈地盘旋着，便问道："路易斯大叔，老鹰是在觅食吗？"

"大概是的吧！"路易斯大叔接着又说，"这里栖息着许多鸟类和哺乳动物，比如棕熊、灰狼、獾、水獭、巴尔干岩羊、野猫、野猪、羚羊、欧洲山猫、欧洲白毛鼬鼠、雷鸟、三趾啄木鸟等。"路易斯大叔一口气说出了好多动物的名字，听得多多两眼放光，说："我们往丛林里走吧，这样才会遇到这些珍奇的动物啊！"

"万一遇到灰狼怎么办？难道你还有对付狼的绝招？"米娜很不赞成，马上否定了他的想法。

"呃……遇到狼是比较危险。"多多挠挠头。

"如果遇到狼，也不要惊慌，有好多办法可以试一试，比如蹲下来捡石头吓它们，学个狮子吼，还可以点个火把，它们保证逃之夭夭。但是，千万不要试图激怒它们。"路易斯大叔说。

不一会儿，又到了一段碎石路，好在今天的阳光很好，比昨天好走了不少。加上昨天积累的经验，今天走起来就没那么害怕了。

临近中午的时候，他们又看到了一座小木屋，屋前的草地上，有几匹马正在悠闲地吃草。他们停下来享用午餐，也该补充一下能量了，要不然就没力气继续接下来的行程了。

　　吃过午饭，刚走了一会儿，忽然又下起了雨，他们连忙跑到一棵高大的树下躲雨，从背包里拿出雨衣穿上，同时也给背包套上了塑料"衣服"。

　　米娜环顾四周，发现这是一片很美的松树林。

　　路易斯大叔介绍说："皮林山上的树种主要是松树，你们现在看到的是这里特有的马其顿松。"

　　顿了顿，路易斯大叔又说："这座山上，有一棵据说有1300岁的老树，是一位叫贝克谢夫的人发现的，所以这棵树被命名为'贝克谢夫冷杉'。"

　　"这么古老的树，都可以被称为活化石了。"多多咋舌道。

　　"是呀！这里的自然环境太好了，所以这里拥有许多稀有物种，保加利亚有20%的濒危植物

生长在这里。"路易斯大叔说。

　　稍作停顿，他们便继续爬山了。经过一个多小时的跋涉，他们终于翻过一座高高的山头，开始往下走了，这时雨也渐渐地小了。因为刚下过雨，之前走过的山里升腾起雾气，像仙境一样美。

山坡上，路易斯大叔一行遇到了牛群和放牧人，他们倒不急着赶路，慢慢地走着。因为刚被雨水冲刷过，地上全都是稀泥，米娜小心翼翼地走着。

"啪嗒！"一声重重的摔响，原来是多多一不小心滑倒了，脸上、身上顿时全是稀泥，样子好狼狈。

米娜被他的样子逗得哈哈大笑，赶紧拿出纸帮他擦掉脸上的稀泥。多多倒也无所谓，爬起来又继续往前走去。

又经过好几个小时的跋涉，他们终于到达了今晚的目的地——又一座可以住宿的小木屋，天色也渐渐暗了下来。

獾

　　獾是一种形似小狗的哺乳动物，但是比小狗要肥，它嘴巴尖尖的，腿短短的，尾巴也短短的。毛比较长，一般情况下，毛色是灰色的，腹部呈黑色，脸部有黑白相间的条纹，耳朵白色。主要吃蚯蚓，但也吃昆虫、甲虫和小型的哺乳动物。獾有着坚硬锋利的牙齿，据说，在中国东北，有人曾经用铁锹挖洞穴中的獾，铁锹却被獾咬断了。獾分布在欧洲和亚洲的大部分地区。

第12章

马达腊骑士崖雕

大清早，米娜还没起床，就听到了窗外淅淅沥沥的雨声，拉开窗帘一看，果然，外面下起了小雨。

吃过早饭，在蒙蒙细雨中，路易斯大叔就带他们坐上了汽车。米娜问："路易斯大叔，这么早我们去哪里呀？"

"今天我们要去马达腊骑士崖雕，它是保加利亚的著名古迹，是联合国教科文组织公布的世界文化与自然遗产的项目之一。"路易斯

大叔一边翻资料一边说。

"崖雕？"多多没听懂，"那是什么呀？"

"简单地说，就是刻在悬崖壁上的雕像。"路易斯大叔抬起头来，继续说，"马达腊骑士崖雕在保加利亚东北部马达拉高原上的马达拉村，离我们住的地方有一个多小时的车程。"

"那崖壁上都刻了些什么呀？"米娜觉得很好奇。

"是关于保加利亚的历史。"路易斯大叔回答得言简意赅。

米娜对保加利亚的历史并不了解，便央求道："路易斯大叔，你给我们讲讲嘛！"

"有问题，找资料啊！"多多笑嘻嘻地说，"我来保加利亚之前就已经在网上查过了。"

路易斯大叔笑着说："好啊！那你来给我们讲讲吧！"

"这个，说来话长了……"多多学着路易斯大叔的口气，慢条斯理地说。

米娜捂着嘴偷笑："你的样子真像老学究呢！好啦，别卖关子啦！"

"保加利亚的历史，说起来真的很复杂。"多多正色道，"现在的保加利亚共和国，是1990年才正式成立的，算算也才三十多年的时间。"

多多又继续说："在保加利亚的历史上记载着凯尔特人、色雷斯人、罗马人、斯拉夫人、保加尔人都曾经统治过这里。"

路易斯大叔赞赏道："你资料查得很对，很会学习！"

一个多小时后，他们到达了马达拉村的一处山脚下。顺着弯弯曲曲的石阶，他们向山上爬去。石阶一边是石壁，另一边就是悬崖，虽然有栏杆，但也让人心惊胆战。米娜小心翼翼地跟在路易斯大叔的后面，她都不敢往一边

的悬崖看一眼。

多多一边走一边问路易斯大叔："这么高的崖壁，古代的保加利亚人怎么在上面雕刻啊？"

路易斯大叔也累得气喘吁吁的，他说："很多古迹，其实对现代的人来说，都是个谜。比如埃及的金字塔，比如希腊爱琴海的太阳神像，我们用先进的现代技术也未必造得出来。"

多多若有所悟地点点头，他回过头，看着正在努力攀登的米娜，大声叫道："嗨！米娜！我考你一个问题！你知道世界八大奇迹是什么吗？"

"当然知道！秦始皇兵马俑、埃及金字塔、亚历山大港灯塔、

爱琴海太阳神像、奥林匹亚宙斯神像、阿尔忒弥斯神庙、摩索拉斯陵墓、巴比伦空中花园。"米娜头也没抬，气喘吁吁地说。

"到了！"前面的路易斯大叔叫道。米娜三步并作两步，赶紧爬了上去。

看着眼前的悬崖，米娜倒吸了一口凉气："好高的悬崖啊！"

"没错！这悬崖足足有23米呢！"路易斯大叔点点头。

"看！"顺着路易斯大叔手指的方向，他们看到对面的悬崖上，刻的是一位几乎与真人大小一样的骑士，马蹄踩在一只身上戳着长矛的雄狮上，骑士身后跟着一条猎犬。

"这雕刻有什么含义呢？"多多问道。

"浮雕的意思是骑士打败狮子，代表着当时的保加利亚可汗克鲁姆，打败了当时统治他们的拜占庭皇帝迈克尔一世的军队。"路易斯大叔回答。

"哦，这个骑士就是当时保加利亚的勇士了，可真威猛啊！"多多最崇拜英雄了。

"没错，当时的保加利亚勇士英勇作战，对入侵的拜占庭帝国构成了严重威胁，"路易斯大叔顿了顿又说，"你们看，浮雕的边上刻有铭文，讲述了705年到831年间发生的事件。"

"浮雕上面也有铭文呢！"细心观察的米娜也有所发现。

路易斯大叔仔细辨认着悬崖上的铭文，可惜侵蚀比较严重，很难全部认清了。"这些浮雕创作于公元8世纪，距离现在已经有1000多年了，已经算是保存得比较完好的了，在欧洲比较罕见。"

多多感叹道："战争真是可恶！如果世界都是和平的，该有多美好啊！"

路易斯大叔叹了口气，说："战争都是由人的贪婪引起的。可惜人的贪婪，也导致了自身的毁灭啊！"

第13章

玫瑰谷

"多多这个大懒虫，到现在还不起床，"米娜嘀咕着，去敲多多的门，"大懒虫！快起床啦！太阳公公都要不理你啦！"

敲了半天，多多的门终于开了，他揉着眼睛，显然还没睡醒：

"唔，我昨天晚上睡得太晚了，好困啊！"说着打了个大大的哈欠。

米娜催促道："今天玫瑰谷有狂欢，你还不快点！"

"好！我马上就好！"听说有狂欢，多多来了精神，以最快的速度洗漱完毕，三个人出发了。

汽车在干净宽阔的马路上奔驰，向卡赞勒克的玫瑰谷进发。玫瑰谷是保加利亚的著名游览胜地，位于首都索非亚东南方向，大约40千米处。

来之前，米娜就在网上查过资料了，保加利亚的卡赞勒克每年六月的第一个周末都会举行盛大的玫瑰节，评选美丽的"玫瑰皇后"，这一盛大隆重的活动至今已有100多年的历史了。

汽车在山路上奔驰着，窗外吹来带着香气的温暖的风，米娜觉得自己快乐得都要飞起来了。离玫瑰谷越来越近了，随着游客们的欢呼，大片大片玫瑰花展现在他们眼前。有粉红的、深红的，还有白色的、橙黄色的，在这满山遍野热烈地开放着，让人有点不敢相信眼前的美景，还以为是仙女抖动花篮，把无数的花朵撒落在这片山谷里了。

　　"如果我的家乡也有这样美的玫瑰谷就好了！"米娜觉得有点遗憾。

　　"玫瑰谷的形成，是有它得天独厚的气候条件的。北面，有一道叫作巴尔干山的天然屏障可以挡住北面吹来的寒风；斯特列玛河和登萨河流贯谷内，提供了充足的水分；南部有地中海暖流吹来湿润的空气。这些条件，就构成了玫瑰生长的温床。"路易斯大叔不愧是个地

理学家，知识信手拈来，把米娜说得心服口服。

　　汽车刚在一片玫瑰园前停下来，欢迎的人群就迎上来。他们穿着保加利亚的传统服饰载歌载舞，把玫瑰花环套在他们的脖子上，还微笑着用保加利亚语说着什么，多多猜肯定是"吉祥如意""热烈欢迎"之类的。

　　姑娘们拿着花篮，向人群撒着花瓣，空气中充满了浓郁的香气。忽然，一阵毛毛细雨飘落下来，米娜抹了抹脸上的小水珠，咦，怎么下雨了？还是香香的雨呢！原来，是玫瑰花农拿着喷雾器正在向游行观看的人群喷洒玫瑰香水，调皮的孩子们追逐着，享受这难得的香水雨。

　　采花能手们拿着花篮走进了花丛，他们的手灵活地上下翻飞，一朵朵美丽的花儿就采进了他们的花篮。从各地赶来的游客们也情不自禁走到花丛里，加入到热闹的采摘队伍中。

　　米娜好奇地问："路易斯大叔，他们为什么要把玫瑰花采下来呢？不是说花儿好看不能摘吗？"

　　"这些采下的玫瑰花瓣，是用作提炼玫瑰油的。这些玫瑰油非常金贵，据说每千克的价格是黄金的3倍，所以被称为'液体黄金'。而提炼1千克的玫瑰油，需要两三吨玫瑰花瓣！"路易斯大叔显然对这

些很了解。

"哇！要这么多玫瑰花瓣啊！"多多和米娜惊呼起来。

多多很不解："这些玫瑰油有什么用啊？"

"玫瑰油是一种很好的东西，在很多方面都有很高的价值，最常用的就是用来做化妆品，此外，玫瑰油还可以做食品、香料和药材。"路易斯大叔耐心地解释，"每年，保加利亚都会生产大量的玫瑰油，除了自己使用外，大部分都用于出口，全世界各地制造香水的原料，70%都是从保加利亚进口的。"

"我想起来了，我妈妈就有一瓶玫瑰精油，她很喜欢，每天

睡觉前都要在脸上涂一点。"米娜是个爱美的女孩子，偷偷地看过妈妈的化妆品。

这时，一个美丽的采花姑娘唱起了歌，悠扬清脆的歌声，回荡在玫瑰的海洋中。多多捅捅米娜，小声地问："他们在唱什么呀？"

"大概是唱，多多不要乱采花儿吧！"米娜眨眨眼睛，开玩笑地说。

一旁的路易斯大叔被他俩逗乐了："这是在采摘玫瑰花的时候，这里人们经常唱的一首歌，歌词大意是：一位姑娘睡在花丛下，玫瑰花瓣飘落在她的身上……"

他们继续行进在欢乐的人群中，这时，细心的米娜发现这里的玫瑰比较低矮，高的才到她胸口，矮的只到她膝盖。这是为什么呢？米

娜在心里犯起了嘀咕。

多多在前面一路小跑，采下了一朵玫瑰，细细地欣赏起来："咦，我怎么觉得，它还没有我家花园里的玫瑰花开得大开得美呢？"

米娜从他手里接过花朵："你就吹牛吧！什么都是你家的最好！"

多多很不服气："我说的是实话！"

路易斯大叔连忙给他俩解释："多多说得没错，玫瑰谷中的玫瑰花有7000多种，但能炼油的只有四种。不过，这种可以提炼玫瑰油的玫瑰却是其貌不扬的，它的色彩也不靓丽，只是淡淡的粉红色。"

"它岂不是玫瑰王国中的'丑小鸭'？"米娜替这些花感到委屈。

路易斯大叔说："它虽貌不惊人，但身价要比那些观赏玫瑰高出许多许多。"

"我们带点种子回去，以后我们就可以自己制作玫瑰油了。"米娜喜滋滋地说。

路易斯大叔笑了："这么想的可不止你一个，但是都失败了。因为这种玫瑰对生长条件要求很苛刻，据说，只有'玫瑰谷'的气候和土壤才能满足它的要求，种到别的地方它就无法存活。"

多多已经走到前面好远，他加入了采花的行列，一边采一边兴高采烈地说："采摘玫瑰可真好玩呀！"

看着他淘气的样子，路易斯大叔笑着摇摇头："你现在看到的是采摘花瓣的表演，其实，采摘玫瑰是非常辛苦的，因为早上5点到7点采摘的带有露水的玫瑰花含油量最大，所以他们每天凌晨就得下地劳作。"

多多吐了吐舌头，凌晨就下田，可真不是一般的辛苦啊！

这时，远处的人群传来了欢呼声。原来是新当选的"玫瑰皇后"坐在花车上向他们这边缓缓驶来。美丽的"玫瑰皇后"穿着粉色的裙子，被人群簇拥着，和人们一起庆祝丰收。

采摘仪式后的狂欢开始了。一群头戴面具、腰围特大铜器、手舞刀棒的青年人，随着铜器的撞击有节奏地跳跃起舞；有人将象征美满幸福的玫瑰水和玫瑰花瓣洒向游客。

空中到处弥漫着玫瑰的芬芳，玫瑰谷里回荡着《一枝保加利亚玫瑰花》的歌声："送你一枝保加利亚玫瑰花，请用芬芳的声音述说这里的美丽……"

玫瑰皇后

　　保加利亚是一个浪漫的国度，他们喜欢种植玫瑰，每年还会为玫瑰花选一位"大使"，也就是"玫瑰皇后"。选"玫瑰皇后"是一项隆重的活动，从每年5月19日开始，人们就开始从16～18岁少女中遴选"玫瑰女王"。选出理想的人选后，就举行"玫瑰节"。在"玫瑰节"上，新任的"玫瑰女王"将从前任手中接过皇冠，成为真正的"玫瑰皇后"。

第14章

欢乐的音乐节

　　从玫瑰谷出来已经是傍晚了，米娜和多多的肚子早就唱起了"空城计"。

　　路易斯大叔笑着说："来保加利亚这么久，还没带你们去逛过夜市、尝过小吃呢！瓦尔纳是著名的海滨城市，夜晚的海边是个很好的去处，我们就去那里逛逛吧！"

这个主意正合两个小家伙的心思，多多和米娜自然是举双手赞成，二话不说就跟着路易斯大叔上了车。

他们来到海边，在一条热闹的街道旁下了车。眼尖的米娜看见前面不远处的路边，有个小吃摊生意非常火爆，便连忙挤了过去。

一个皮肤黝黑的小伙子正在烙饼，只见他在圆圆的铁板上摊开一张面饼，等它变得焦黄后，涂上果酱，一卷，一个喷香的饼就做成了。

"路易斯大叔，这是什么？看上去似乎很好吃呢！"多多馋得口水都快流下来了。

路易斯大叔哈哈大笑："瞧把你馋的！这就是在欧洲大街小巷都可以见到的可丽饼啦！饼皮是用牛奶鸡蛋和面粉调配制成，再搭配各种果酱或巧克力酱，的确非常美味。"

路易斯大叔给每人买了一块，多多顾不上烫，大口大口地吃着，对它的味道赞不绝口。

他们继续往前走，接着他们又品尝了油滋滋香喷喷的烤肉，还有圆白菜、西红柿、洋葱、黄瓜等蔬菜制成的沙拉，甚至还尝了冰激凌，他们一边大快朵颐，一边还不忘给美食拍照片。米娜决定回去以后也要自己动手做一做这些美食。

他们来到一家海洋主题的露天餐厅，孩子们站在"甲板"上，觉得自己就是个威风凛凛的水手，装扮成海盗的服务员正在热情地招呼大家。餐厅外面就是金黄的沙滩，在这里吃饭的时候可以把整个沙滩一览无余。

这时已经晚上九点钟了，天还没完全黑下来。餐厅前的沙滩上，刚刚散去的人

们，渐渐又聚拢了过来。

悠扬的音乐声响了起来，有些人开始跟着音乐跳起舞来。

米娜好奇地问："路易斯大叔，他们是在跳广场舞吗？"

多多跃跃欲试："那我们也去跳一跳吧！吃饱了正好运动一下。"

路易斯大叔一边吃着浓缩酸奶配无花果酱，一边说："再过几天，'瓦尔纳之夏'音乐节就要拉开帷幕了，很多音乐爱好者早早地就聚集到这里来了。今天晚上应该会有个小小的音乐会吧！"

米娜和多多听了两眼放光，看来今天晚上不仅能享受美食，而且还有音乐和舞蹈相伴，真是一桩乐事！

米娜问："路易斯大叔，你参加过'瓦尔纳之夏'吗？一定很热闹吧？"

路易斯大叔点点头说："我上次也来过这里，的确很热闹！'瓦尔纳

之夏'应该是保加利亚历史上最悠久的一个音乐节，它在国际上都有很高的地位。每年举行时，都会有来自世界各地的人参加这个盛会，其中有专业人士，也有音乐爱好者。"

顿了顿，路易斯大叔又介绍说："音乐节上表演的，有交响乐团、芭蕾舞团、戏剧团、音乐剧，还有使用古老乐器演奏的表演。"

正说话间，一群穿着保加利亚民族服装的人走了出来，他们手里拿着保加利亚特有的羊皮乐器，一整块羊皮，一端是一根细细长长的木管，演奏的时候，干瘪的羊皮被吹得鼓鼓的，发出响亮、悠远的声音。他们演奏的是保加利亚国歌《亲爱的父母邦》，人们用手、用脚帮他们打着拍子，有的人还情不自禁地跳起舞来。

接着上场的是几个服装鲜艳的女歌手，唱的是一首保加利亚民歌，米娜虽然听不懂歌词，但能听得懂音乐，她们的歌声流畅自然、热烈奔放。很多人合着她们的拍子跳舞，转眼间，沙滩上成了一片欢乐的海洋。

紧接着，舞蹈、激光表演等节目一一登场，赢得了阵阵热烈的掌声。

路易斯大叔说："保加利亚是个热爱音乐的民族，喜庆的节日、悠闲的假日，甚至在家庭聚会时，都会演奏音乐。保加

利亚人开会都很有特色，每次开会前必会演奏一段小提琴。"

多多问："路易斯大叔，你会唱保加利亚歌吗？给我们来一首吧！"

路易斯大叔笑了，也不推辞，用手轻轻敲着桌子，哼起歌来。旁边桌上的几个人也加入他们，一起唱了起来。一曲唱罢，餐厅里响起了热烈的掌声。

米娜看着沙滩上欢乐的人群，感叹道："保加利亚人真是个热爱生活的民族啊！只有热爱生活的人，才会这样热爱音乐。"

"没错，"路易斯大叔说，"这里的人们爱花、爱音乐、爱小动物，是因为他们都非常热爱生活啊！"

夜深了，该回去睡觉了。今晚，他们就住在海边的小木屋，从窗户望出去，就是大片的海滩。明天起来，就可以享受阳光和沙滩了。